呀，成语就是历史

第1辑

上古—西周 ①

国潮童书 / 著　　丁大亮 / 绘

台海出版社

写在前面

——— 王大绩

　　"成语就是历史"这题目斩截、通透！

　　成语是中华民族宝贵的历史遗产，是中华民族精神、思想、情感、品性、意志、语言、文化的百科全书。我们通览历史的长河，成语晶光闪烁。成语来自各个领域：政治、军事、外交、廊庙、市井、田园、山林、羁旅、情谊、聚散、文学、艺术……茫茫九派源流中国，正是这九派源流汇聚成中华民族波澜壮阔的历史。江流不息，丝韧绦延，磨砺串接万千成语，星空璀璨，珠圆玉润，无一不善，无一不美，无一不富含智慧，无一不精光夺目。

　　随手翻开一页：就这样，禹把夏朝治理得很好，他的威望也越来越高。他在涂山召开大会，前来朝拜的部落有上万个！很多部落向禹进献了当时最珍贵的青铜……

　　他造了九只大鼎！

　　噢，原来这就是"一言九鼎"的历史渊源。九鼎代表九州：梁州、兖州、扬州、荆州、豫州、雍州、冀州、青州、徐州。中华一统，雄立东方。

　　历史酿造成语，成语承载历史。我们仿佛见到鲁迅先生笔下的大禹：高瘦黧黑、胼手胝足，巍然屹立于高山之巅，目送黄河九曲，奔流入海——这是中国的脊梁，也是中华的形象。就这样，由书页，浸润我们的情怀。

　　信手翻阅，"春树暮云"一下子跳入眼帘，这成语美得我们不由得心头一颤。杜诗的名句"渭北春天树，江东日暮云"是它的由来。中国是诗歌的王国，中华民族的历史情思翩翩，诗意盎然。杜甫身居渭北，李白浪迹江东，天各一方，举杯邀约。"春天树"情思勃发，"日暮云"眷念缠绵。昔时同游倾慕，今日遥思感怀，万端千钧，尽皆包容。浓缩成四字成语，读在口里，齿颊生香；用于笔端，文思飞扬。

　　成语的历史使人明智，历史的成语使人灵秀——这便是本书的奉献。

王大绩

　　著名语文特级教师、高考指导专家，连续 16 年参与高考阅卷，对语文学习有独到的见解，发表语文专著几十部，逾千万字，深受广大师生和家长信任。

目 录

❸ 那一场世界大战 ——————————— 57

1

上古大神创世记

如果要掰扯（bāi chě）清楚上古的大神们，
那估（gū）计我要给你讲三天三夜——

因为传说的版本实在是太多了！

世界就是个蛋！

先有蛋才有人！

先有蛋才有鸡！

扯淡！

上古离我们真的太久远了，那时候的事情没有文字记载（jì zǎi），全靠人们一代代口传。传着传着，你加点儿葱（cōng）花，我加点儿蒜瓣（bàn），就成了我们现在听到的"味道"十足的"传说"了。

上古传说就像是一部**奉献史。**为什么这么说？
因为大神们总是在想各种办法给人类解决各种难题呀！

妈，这个字怎么读？

爸，我要喝水！

爸，这题不会做！

妈，没墨水了！

有完没完啦？

上古时期，人们对大神们的依赖，就好像你写作业时对爸妈的依赖。

世界是怎么来的？人是怎么出现的？……
问题太多了！那第一个难题是什么？

据传说，开始时
天地是粘连（zhān lián）
在一起的！

哎哟喂，这是谁干的好事？！

天

甲十

哈哈，传说这件"好事"与三个"大神"有关。

"大神"1号：倏　　　　　"大神"2号：混沌　　　　　"大神"3号：忽

倏（shū）和忽长什么样？ 也许是上图的样子？

反正最起码是有五官的，能看能听能闻能品能说。

混沌（hùn dùn）也不知什么样——

哈哈，可能是个能滚来滚去的球状体！

我不是还有翅膀吗？

这个翅膀就是个装饰，为了好看临时给你加的。

五官什么的，**没有就没有呗！**

身为混沌的朋友，倏和忽认为自己有义务帮助他。
于是，倏和忽好心地为混沌凿（záo）出了眼、耳、口、鼻……

哎哟，想想就疼！

不过，好在效果不错，

这样混沌就 yǒu bí zi yǒu yǎn **有鼻子有眼** 了！

"有鼻子有眼"也是个成语。形容人把听说的，并没有亲眼见过的事物说得很逼真，就像亲眼看过一样。**你可以这样用：** 他把那件事说得有鼻子有眼的，我差点儿就相信了。

这下，在倏和忽看来，混沌终于长得像那么回事了！
谁知，他们还没来得及庆祝，
可怕的事情发生了——

自己怎么吃掉自己？

混沌的嘴巴越来越大，
大到一口把倏和忽给吞了，
接着把天和地也吞了，
最后竟然**把自己也吞了**……

又胡说！

有一个版本是这样说的！

于是，世界成了一团模糊不清的元气，分不出天地。

hùn　dùn　bù　fēn

这种状态就叫 **混沌不分**。

《庄子》里记录了混沌的故事。

我们在混沌的肚子里吗？

"混沌不分"原指天地未形成
前模糊一团的状态。常用来形
容愚蠢、糊涂、无知的行为。
比如，你如果生病了，一定要
去看医生，可不能混沌不分地
请巫婆跳大神来治病！

还是混沌在我们的肚子里？

混沌有了成语，倏和忽也有一个成语——

shū	hū	zhī	jiān
倏	忽	之	间

"倏忽"的本义是"很快地"。庄子老先生找"倏"和"忽"两个字做他们的仙名，可能是为了讽刺（fěng cì）他们做事太快，不加思考。"倏忽之间"指极短的时间内。

你下次写作文的时候，就别总用"很快""很快"了吧！

说到这里，难题还是没解决，天和地还连着呢！赶紧接上回——

一万八千年后，混沌元气里突然有了动静。你猜到是谁了吗？

就是大家熟悉的盘古出现啦！

盘古

太黑了！太闷（mēn）了！
我实在受不了啦！

盘古

"咔嚓（kā chā）"一声，这团混沌元气被盘古劈（pī）开了，

轻盈的气上升为天，

浊（zhuó）重的气则下沉为地。

天与地分开了，**一个崭新的世界被"劈"了出来！**

开天辟地

kāi tiān pì dì

盘古成了中国神话里的创世神。虽然天地是被盘古劈开的，但你写这个成语时，**可别把"辟"写成"劈"！**

这个故事的原文是"天地开辟"，"开辟"就是指宇宙的创始。既然是创始，当然是以前没有过的。
如果你要形容有史以来第一次的事情，就可以用这个成语。

哎呀，这本书里写了我！有点小激动呢！

好事做到底。
天地分开后，
盘古担心它们还会连到一起，
于是用自己的身体
支撑（chēng）在天与地之间。

成语就是历史

盘古

这就是 dǐng tiān lì dì **顶天立地**。

这个成语现在常用来形容人形象高大，气概豪迈。

其实，想要成为一个顶天立地的人，**并不一定要外形高大，**更重要的是要像盘古那样**扛起责任，有担当。**

神奇的是，顶天立地的盘古**还在不断地生长。**
他每天长高多少，天每天就升高多少，地每天就增厚多少。
就这样，又过了一万八千年，天变得非常高，地也变得非常厚。

到底天有多高，地有多厚？

小朋友，你是不是有很多的问号？

太上老君

古人认为天有九重（chóng），叫**九重天。**
九重天的每一重就像一层楼房，里面住着不同的神仙。

八卦炉不是用来供暖的，是炼丹用的！

老君，暖气怎么不热呀？

玉帝

那这九重天到底有多高呢？

据说每一重天之间都相距九万里。
那九万里又是多长？这么和你说吧——
地球赤道的周长大约是八万里，
九万里就是绕地球一圈还有余！

齐天大圣

我翻一个跟斗是十万八千里。我要是想去九重天，得翻多少个跟斗呢？

$$9 \times 90000 \div 108000 =$$

7.5 个！

天有九重，**天空最高的地方叫"九霄（ xiāo ）"，**所以

jiǔ	xiāo	yún	wài
九	霄	云	外

就是指九重天外面，比喻极远的地方。要是妈妈问你为什么没做好她交代的事情，你可以说你看书太入迷了，把她说的事情忘到九霄云外了。

地也被分成了九重，
大地最深的地方叫"九泉"。

jiǔ	quán	zhī	xià
九	泉	之	下

这个成语，

就形容地下最深的地方。后来，它常用来指人离世后被埋葬（zàng）的地方。

古人也说不出天与地的具体数据，于是就用成语

tiān	gāo	dì	hòu
天	高	地	厚

来形容了。

随着时间的推移，"天高地厚"常用来比喻事情很复杂，非常难做。比如，学了几天滑雪，你就想和滑雪冠军比，也太不知天高地厚了！这个成语有时也比喻恩情深厚。

那盘古后来咋样了？
盘古最后还是累倒了……

传说他将自己的**身体化成了万物**：

呼吸化作**风云**，

声音化作**雷霆**（tíng），

左眼化作**太阳**，　　血液化作**江河**，

右眼化作**月亮**，　　　汗水化作**雨露**，

肌肉化作**土壤**（rǎng），

头发化作**星辰**（chén），

汗毛化作**草木**，

牙齿化作**珍宝**……

这里又有个成语

huà	shēng	wàn	wù
化	生	万	物

——你平时可能用不着它。

⚠ 注意

本书成语涵（hán）盖广泛意义上的成语，包括成语、典故、谚语、俗语、惯用语等。

那盘古的四肢呢？还有头呢？古人给了两种说法。

第一种说法：

盘古把自己的四肢变成了四根柱子。

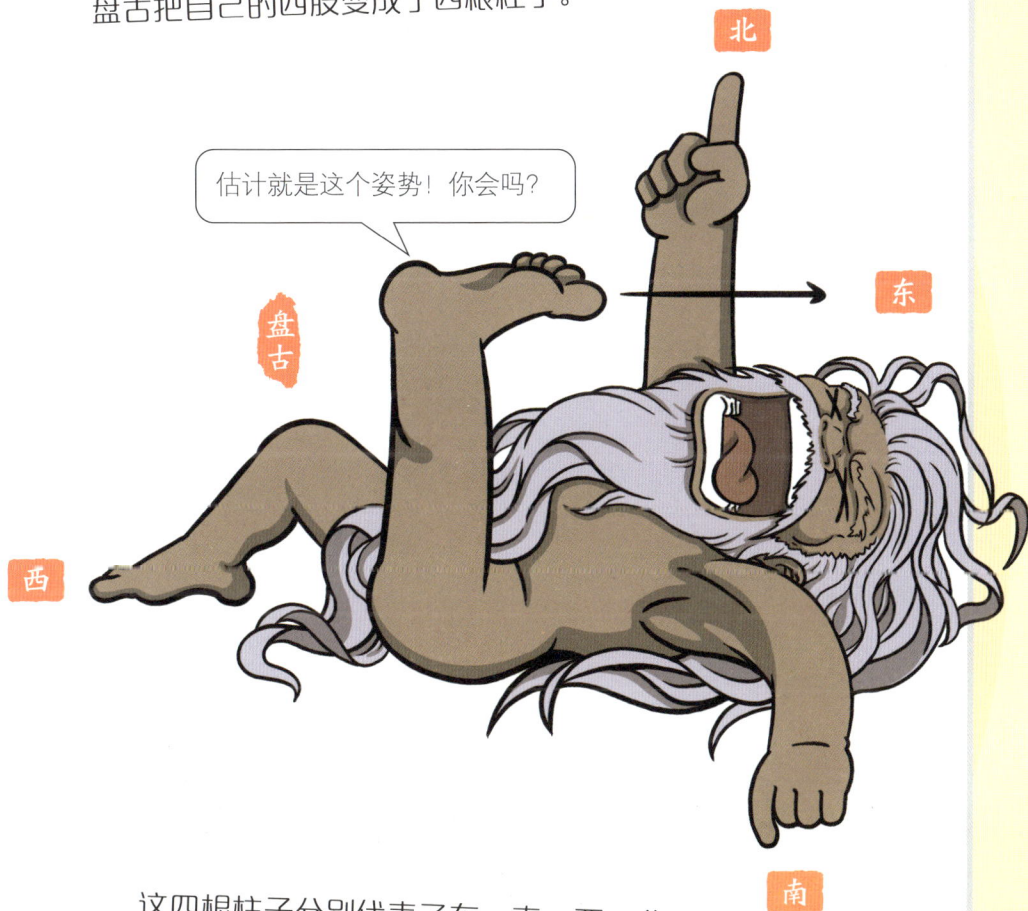

北

估计就是这个姿势！你会吗？

盘古

东

西

南

这四根柱子分别代表了东、南、西、北四个方向，叫"四极"。后来古人大概觉得四个方向不够用，又加入了东南、西南、东北、西北，一共八个方向，为"八荒"。

所以 | sì | jí | bā | huāng | — 四极八荒 就代表全天下，

后来又演变为 | sì | hǎi | bā | huāng | — 四海八荒。

咦？ 这个说法怎么没有盘古的头呢？

上第二个说法：

据传说，盘古的头其实变成了现在的 **五岳之首——泰山！**

人们说泰山是五岳中的"老大"，难道是因为它是盘古的头变的？

你猜，你猜，你猜猜猜！

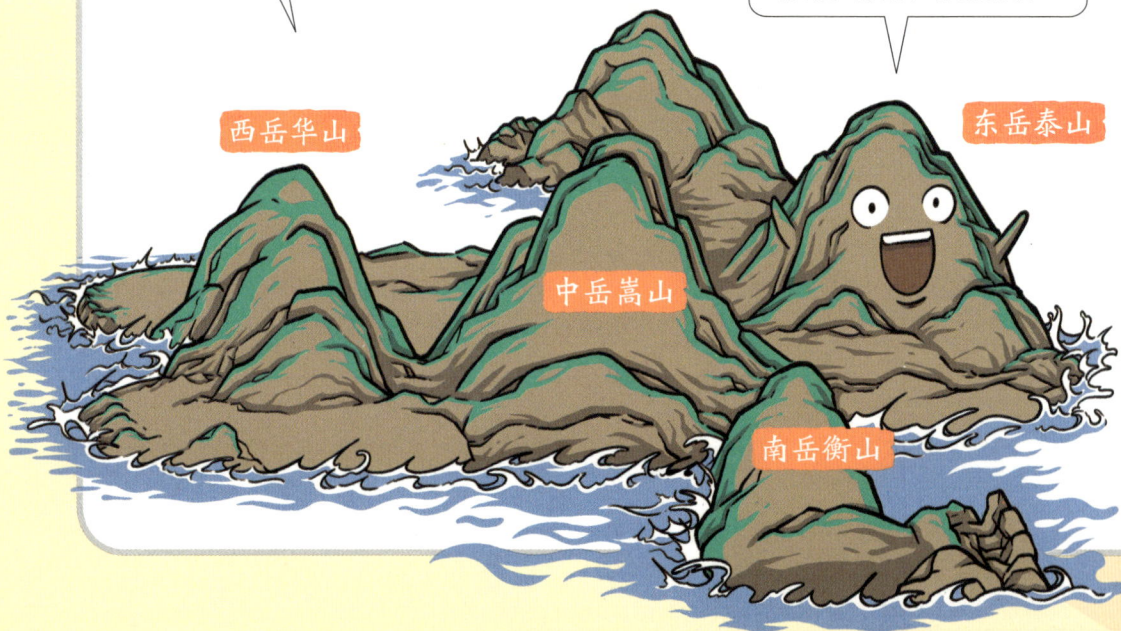

北岳恒山

西岳华山

东岳泰山

中岳嵩山

南岳衡山

还真是这样！你猜对了吗？

泰山和天上的北斗星，

碰出一个成语　tài shān běi dǒu **泰山北斗**。

比喻遵守道德规范，或做了了（liǎo）不起的事情而被大家敬仰的人。我们还可以用它的简称"泰斗"来形容这样的人。像袁隆平爷爷就是水稻研究方面的泰山北斗，你长大了想成为像他一样的人吗？那你现在就要开始努力啦！

到这里，第一个难题解决了——天地分开了。
第二个难题又来了——**人呢？还没有人呀！**

这里又有两种说法——
一位名叫女娲（wā）的女神来到大地上。
世界很美丽，可是女娲却感到很孤独。怎么办？
也许可以做手工，造一些动物和人？

初一　初二　初三　初四　初五　初六

女娲

传说，女娲在正月初一创造出鸡，初二创造狗，初三创造猪，初四创造羊，初五创造牛，初六创造马。初七这天，女娲用黄土和水，仿照自己的样子造出了小泥人。

女娲对着泥人吹了口气，泥人就活了，
初七造的小泥人就变成了最早的人类。

可女娲只依着自己的样子造了女人，
这些人不能像她一样永生。
女娲只好不停地做手工，
做手工，做手工……

女娲

这样下去，黄泥巴都不够了呀！

造人专用
黄泥

一天，女娲看到一对恩爱的小动物，她受到启发，
捏（niē）起黄土造出了男人，然后让男人和女人结婚生孩子。

这就是第一种说法——**抟（tuán）黄土造人，**

人类由泥人而来。

（"抟"同"团"，意思是把东西揉弄成球形。）

第二种说法和女娲的妈妈有关。
女娲的妈妈叫华胥（xū），她长着人的身子和蛇的尾巴。
一天，华胥听到轰隆隆的雷声，
她跑过去一看——

哇！一个超级大的脚印！

雷神

谁的脚这么大？

快踩，快踩，这是个爱的陷阱哟！

华胥

这不是一般人的脚印，**是雷神的脚印！**
据说雷神长着人的脸和龙的身体，平时最喜欢的娱乐活动
就是拍打肚子。他一拍肚子，天地间就轰隆隆地响，
就像天地在生气，在**咆哮**（páo xiào）一样。

我们现在形容一个人生气的样子，常会用

páo	xiào	rú	léi
咆	哮	如	雷

、

bào	tiào	rú	léi
暴	跳	如	雷

等成语来形容。

和雷有关的成语，大都显得脾气不太好。不过也有好的，

比如

léi	lì	fēng	xíng
雷	厉	风	行

。

这个成语中的"厉"是猛烈的意思。"雷厉风行"指像雷一样
猛烈，像风一样迅速。形容执行政策法令等严格而迅速，也形
容做事情声势大而行动快。**你可以这样用：** 班长做事雷厉风行，
我们都很佩服他。

华胥往雷神的脚印上一踩——哎呀！

她的肚子颤（chàn）抖了一下，**她怀孕（yùn）了！**

后来她生下一男一女——伏羲（xī）和女娲。

再后来伏羲和女娲结婚，生下人类。

所以第二种说法是：**人类是雷神的后代！**

世界有了，人也有了，该干吗干吗去呗！

但是意外发生了——

水神共工与火神祝融干了一架！

大大咧（liě）咧的共工一头撞向西方的不周山，

只听"轰隆隆"一声巨响，

撑天的柱子不周山
被撞断了！

不周山

火神祝融

水神共工

这下好了！**天空出现了一个大洞，**
天上的火和天河的水都从大洞里倾泻下来。

地上的人类不是被大火烧就是被大水淹！
这样万分痛苦的生存状态，

shuǐ	shēn	huǒ	rè
水	深	火	热

用成语来形容就是陷入了 水深火热 之中。

这个水神和火神打架的故事，后来被人们解释为

容不了，容不了！

shuǐ	huǒ	bù	xiāng	róng
水	火	不	相	容

水火不相容。

这个成语比喻人或事物彼此对立，不能相容。**比如，**你和同学之间闹得水火不相容，不能只从对方身上找原因，你也要好好反省（xǐng）自己。

天破了！怎么办？

幸好，女娲还在！ 她在江河中挑选了许多五色石，炼化后去修补天空的破洞。

这就是女娲

liàn shí bǔ tiān
炼 石 补 天

的故事。

这个成语比喻施（shī）展才能和手段，来弥（mí）补重大的、难以挽（wǎn）回的损失。

天补好后，女娲又用神鳖（biē）之足撑住四极，把天柱变得更牢固。这样，

她捏的小泥人们又可以快乐地生活了！

辛苦啦！

神鳖

小意思！

女娲补天的石头多了还是少了？

　　有版本说，女娲补天到最后，发现少了一块五色石，于是她就自己变成五色石补了上去。

　　可《红楼梦》的作者曹雪芹（qín）说，补天的石头还剩一块！它被丢弃在一个叫大荒山无稽（jī）崖（yá）青埂（gěng）峰的地方。后来这块石头摇身一变，成了《红楼梦》里贾宝玉的通灵宝玉。贾宝玉出生时，嘴里就衔（xián）着这块美玉。

　　《西游记》的作者吴承恩也说多了一块石头，孕育出孙悟空的灵石就是多的那块五色石。

　　按照两位大作家的说法，那有可能是女娲补天剩下的一块石头摔在地上成了两半，一半化成了宝玉，一半生出了悟空。

五色石盲盒！内有惊喜！

女娲

nǔ wā bǔ tiān
女娲补天 的功绩真是伟大！

现在大家也常用这个成语形容人的气势很强，做事很勇敢。

和女娲一样具有伟大功绩的女神还有**太阳神羲和。**传说羲和生了十个太阳，她每天都会给他们排好值班表，把他们洗干净，然后架着六龙车送他们去值班。

甘渊澡堂

羲和

妈妈，我不想洗澡！

乖，洗完我们就去外面玩啊！

就像你妈妈每天送你上学一样，
羲和一天都没有松懈（xiè）过！

因为有负责任的羲和，十个太阳从来没有出过差（chā）错，
也从来没有给人类带来过什么麻烦
（你知道这是暂时的），
所以人们认为羲和和女娲一样了不起。

于是就有了

撒花！两位女神太棒啦！

bǔ tiān yù rì
补 天 浴 日

这个成语。

"补天浴日"和"女娲补天"一样，都是形容
挽救危局，功劳极大。

说到这里，天地分开了，人类也有了，突发状况解决了，
秩（zhì）序还挺不错的，世界真美好！
那人类从此就独立自主，不靠神了吗？

2

我命由我不由天

上一章讲到，羲和十年如一日地督（dū）促太阳儿子们
一个一个轮流值班。可是，你知道的，
孩子们一天天长大，就会有自己的想法。

然后，他们就要"捣乱"了！

每天一个人值班太无聊
啦！我们要组团玩！

听妈 妈的话

这就是叫你往东你偏往西的

叛逆（pàn nì）期典型症（zhèng）状！

这下好了，十个太阳一起笑嘻嘻地跑到天空开派对。

他们玩开心了，地上的人们遭殃（zāo yāng）了！

十个太阳的温度，谁扛得住？

这时，一个叫羿（yì）的神箭（jiàn）手拉开弓箭，

瞄（miáo）准他们——

开弓没有回头箭！

羿

yì	shè	jiǔ	rì
羿	射	九	日

的结果，我想你们已经知道了。

这个成语形容为民除害的英勇行为。

小学课本中就有《羿射九日》这篇课文。
羿一口气射下了九个太阳，成了人类的大英雄。
难道他不怕羲和找麻烦吗？
还好羲和是讲道理的女神！

昆仑山的西王母给羿点了个**大大的赞，**
还赏赐给他一颗**仙丹。**

嫦娥

羿

老公，我太馋（chán）这一口了，对不住呀！

好吃到升天！

仙丹

没错！ 羿的老婆嫦娥（cháng é）
吃了能飞上天的仙丹，然后奔向月亮，
给人们留下了许多猜想——

偷吃？误吃？
还是被迫吃？

说不清道不明。

不过嫦娥是真的很美，
要不大家也不会把她当作 **"美女"** 的标杆呀！

我要飞到月球上去找嫦娥啦！

要是有人夸你是

yuè	lǐ	cháng	é
月	里	嫦	娥

，

那就是说你美得像天仙。**比如，** 这个舞台剧演员
的扮相好美，像月里嫦娥一样。

那嫦娥在月宫过得怎么样呢？

唐代诗人李商隐（yǐn）专门写了首诗，其中有两句：

嫦娥应悔偷灵药，碧海青天夜夜心。

意思是嫦娥应该很后悔偷吃灵药，因为月宫中太寂寞（mò）了，她只能一边对着

bì	hǎi	qīng	tiān
碧	海	青	天

思念羿，一边抱着玉兔流眼泪了。

这个成语的字面意思很好理解，就是碧色的海，蓝色的天。形容天和水相接，旷远无边。

不是讲英雄吗？怎么一讲仙女就没完没了！

羿是英雄，嫦娥也是英雄呀！

要知道，**嫦娥可是"登月第一人"**，
比美国的宇航员阿姆斯特朗要早太多年了。
我国第一颗绕月人造卫星就叫**"嫦娥一号"**！

接下来我要讲**"夸父追日""愚公移山"**和
"精卫填海"的故事，你们赶紧搬个小板凳坐好啦！

羿射下九个太阳后，一下子出了名。
巨人族的首领夸父表示不服气，
也和太阳干上了！

来呀，来追我呀！

你等着！我来了！

夸父

结果，夸父没追到太阳，自己却累倒了。

他的手杖化成一片桃林造福族人。

kuā	fù	zhuī	rì
夸	父	追	日

这个成语比喻做一件事情的决心很大。也有不能认识自己的力量，去做超出自己能力范围的事情的意思。

再说下一个故事。有个老人叫愚公，
他家门前有太行（háng）、王屋两座大山，
要出去买点生活用品什么的很不方便。
于是他把儿子孙子们喊过来，**叫大家一起挖山。**

智叟

你年纪一大把了，连山上的一根草都挖不动吧！

愚公

怕啥！儿子会生孙子，孙子会生儿子，儿子又会生儿子，儿子还会生孙子，孙生儿，儿生孙……

愚公坚持的精神太让人佩服了！不过还没等他的孙子生儿子，

玉皇大帝就被他的精神感动了，

直接派天将搬走了大山。

> 这石头是铁做的吗？太重了！

yú gōng yí shān

愚 公 移 山

这个成语表示做一件事有不怕困难的决心和毅力。
和"夸父追日"的第一个意思相近。

还有个叫女娃的小女孩，有一天驾了艘（sōu）船出海，

淹死了。

故事还没完！

后来她竟然复活，变成了一只叫精卫的小鸟。
为了报大海淹死她的仇（chóu），
她每天飞到东海边的发鸠（jiū）山，
从山上衔（xián）来石子和树枝投到海里，
要把大海填（tián）平。

海还没填平，我就要被薅（hāo）秃了！

精卫

发鸠山

jīng wèi tián hǎi

精卫填海

这个成语，

现在比喻不怕困难，意志坚强。它和"愚公移山""夸父追日"意思相近。比如，马拉松长跑运动可不是谁都能完成的，就算你有精卫填海的精神也不一定能跑完全程。

据《山海经》记载，女娃并不是一个普通的小女孩，她是炎帝的女儿。

几个英雄的故事就讲到这里啦！

夸父，他去追日，也没追到，哪里是英雄？

……

愚公要是嫌门前有山太碍事，就搬家呗！
世世代代没别的事做了，就剩下挖山！

……

那只小鸟就更累了……

你发现没有，他们看上去好像挺"傻"，可他们

tiān	bù	pà	dì	bù	pà
天	不	怕	地	不	怕

有一种**我命由我不由天**的韧（rèn）劲！
千百年来，人类正是凭着这股劲，一次又一次战胜困难。

"天不怕，地不怕"也是一个成语，
它的意思很简单，就是什么都不怕！

这时候人类对抗天地的目的其实很简单，

就是活得更好！

你知道当时的人类是怎么过日子的吗？

一句话：像野兽一样地活着。

别咬别咬！再咬我就没东西遮（zhē）身了！

"穿" 是

yī	bù	bì	tǐ
衣	不	蔽	体

。

指衣服很破烂，连身子都遮（zhē）盖不住。形容生活十分困苦。

"住" 是

qún	jū	xué	chǔ
群	居	穴	处

。

洞里好冷！

意思是上古时候的人聚在一起，住在山洞里。

"吃" 是

rú	máo	yǐn	xuè
茹	毛	饮	血

。

描绘原始人类不会用火，连毛带血地生吃禽（qín）兽。

这皮毛太硬了，咬不动呀！

就这样还 **食不果腹**。

（shí bù guǒ fù）

我都三天没吃过东西了……

意思是吃不饱肚子。形容生活很贫困。

还好没像野兽一样地爬！

这么苦的日子，怎么办？好在人群中来了**五位"发明家"**，带领大家一起**改善生活**。一位叫**有巢氏**的"发明家"，看到鸟类搭鸟巢，得到启发，教人们在树上做"树屋"住。

有巢公寓

先定一个小目标：人人有巢住！

有巢氏

盛大开盘

虽然这样的"树屋"还称不上是真正的房子，
不过这个小发明让人类从此不用再群居穴处。

人类的房子不但越造越好，
还在平原、山上、树上……建得到处都是。

有了相对靠谱（pǔ）的住所，
这可是**人类走向文明的一大步！**

2008 年北京奥运会的主场馆——国家体育馆，被大家
亲切地称作"鸟巢"。因为它的形态就像孕育生命的"巢"
和摇篮，寄托着人类对未来美好的希望。

可在吃的方面，古时的人类还是茹毛饮血。
这样吃的坏处可不少，
你看——

经常会一嘴毛，

一不小心能把
牙崩（bēng）掉，

动不动就要拉肚子……

吃相（xiàng）太难看，后果太难受！

雷神

幸运的是，
轰隆隆……轰隆隆……
雷神拍肚子喽！

我来啦！又有我的戏份啦！

一次，雷神的雷打到了一棵树上，**产生了火。**
大火烤熟了一些来不及逃跑的小动物，
人类这才发现熟食原来很好吃，
也发现"火"是个好东西！

火真是个好东西，可是保存火种（zhǒng）却特别麻烦！
来看看保存火种的那些"坑"——

有时候你只是放了个屁，

有时候你睡得太香了，

噗

有时候天突然下雨，

有时候你只是去抓了一只蝴蝶……

火就熄灭了！

想要一直有火用，真不容易呀！

不能放屁！不能睡觉！不能下雨！
不能走神！没有柴了得及时添加！

唐代有学者对《庄子》中的"指穷于为薪（xīn），火传也，不知其尽也"一句做了解释，说"**前薪虽尽，后薪以续**"。
这里的"薪"就是木柴。后来人们由此总结出成语

xīn	jìn	huǒ	chuán
薪	尽	火	传

，又叫

xīn	huǒ	xiāng	chuán
薪	火	相	传

。

比喻学问或技艺一代一代地传承下去。如果你的爷爷、爸爸都是教师，你也想继续从事教师这个职业，这就是薪火相传。

要知道，神仙都不一定能随时掌控火呢！
没想到，一个善于观察的人却做到了！

一天，一个年轻人看见一只鸟在啄树。
"**嗒（dā）嗒嗒……嗒嗒嗒……**"

好热！

哇！这速度！这力度！

燧人氏

突然，树上神奇地出现了火光。
原来要这样做！ 年轻人连忙用锋利的石块在木头上钻孔，
石块和木头不断摩擦，木头起火啦！于是年轻人得到了火种。
后来人们就把这个年轻人叫作燧（suì）人氏。

这就是 | zuān | mù | qǔ | huǒ |
钻 木 取 火 的故事。

从此人类就和生肉说"再见"了。
吃熟食不仅可以变长寿，还可以健脑，
人类也越来越聪明了！

老板，一共多少钱？今天怎么没烤鱼？

燧人氏

燧人烧烤

我算算……今天没打到鱼，下次吧！想吃鱼要提前预约！

烤鱼好吃，但是这鱼还真难打！

说来很可笑，当时的人们**打鱼**，是真正的"**打鱼**"。

他们拿着木棒紧张地盯着水面，
看到鱼儿经过，便一棒把鱼儿打晕（yūn）。

哈哈，打不着，打不着！

我是来学艺的！

伏羲

那必须交学费。

伏羲——传说中女娲的哥哥，他觉得这样打鱼太费劲，如果能**像蜘蛛一样织张网，**用网捕鱼多简单轻松呀！

果然，有了网，鱼儿总是被伏羲

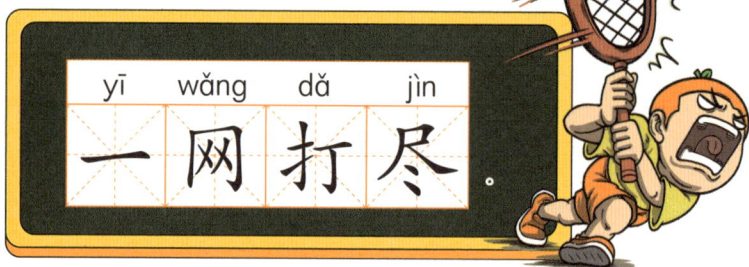

yī   wǎng   dǎ   jìn
一 网 打 尽。

这个成语比喻全部抓住，一个也不漏（lòu）掉。**你可以这样用：**夏天的晚上，蚊子围在耳边嗡（wēng）嗡直叫，我真想把它们一网打尽！

这下捕鱼轻松多了，一张网撒下去，瞬间就丰收了。

以前吃不饱，现在吃不完！ 真是爽！

伏羲成了捕鱼业的祖师爷。

不过伏羲最厉害的一点还是发明了八卦（guà）。

你见过**八卦图**吗？一半黑一半白，周围一圈杠（gàng）杠，
看起来像个轮盘，让人有些晕。但据说聪明人诸葛（zhū gě）亮不晕，
还发明了**"八卦阵"**来迷惑敌人。

现在人们用成语	bǎi	bā	guà	zhèn
	摆	八	卦	阵

比喻故意玩弄花招，让人分不清是真的还是假的。你要是碰
到喜欢摆八卦阵的人就赶快跑，可别被忽悠（hū you）了！

八卦图的信息量很大，八种符号排列组合成不同的图案，
涵盖天地间的万事万物。**特别难懂！**

即使到了现在，一般人也搞不明白。

（对，也包括我！）

（qián）
乾

伏羲

（kūn）
坤

我当年要是有这么方便的通信设备，也不会弄出"八卦"这么难的东西为难大家了！

"八卦"在古代是门大学问，甚至还有人专门写了本叫《周易》的书来研究它。现在，我们常用"八卦"来指各种小道消息。你身边是不是也有几个爱聊"八卦"的人？

不懂八卦没关系，反正**也不用考试。**

但其中两卦——**乾**（qián）**卦**和**坤**（kūn）**卦**，我要多说点，因为"乾"和"坤"作为天和地的象征，演化出了很多成语。

lǎng	lǎng	qián	kūn
朗	朗	乾	坤

比如，

形容天下太平。

这次赢得真不容易呀！

还有 扭转乾坤 niǔ zhuǎn qián kūn，

指从根本上改变现有局面。**比如，**本来赢不了的比赛，因为有人小宇宙爆(bào)发，扭转乾坤，最后居然赢了！注意，"扭转乾坤"一般指从不好的情况到好的情况，相反情况就不能用这个成语了。

"乾坤"表示天地，古人却能把"乾坤"
放到壶里，放到袖里呢！

壶里乾坤 hú lǐ qián kūn

就是指把天地放进一个壶里，自成一片小天地，不去管外面世界的烦心事。这种悠闲、清净的生活真让人向往呀！

还有 袖里乾坤 xiù lǐ qián kūn，比喻离奇的幻术。

你想，小小的衣袖却能把整个天地都收进去，多神奇呀！

跑题时间

清华大学的校训跟"八卦"有关?

清华大学的校训,简单来说就是两个成语:

zì	qiáng	bù	xī
自	强	不	息

、

hòu	dé	zài	wù
厚	德	载	物

。

它们分别来自《周易》里的乾卦和坤卦,原文是"天行健,君子以自强不息"和"地势坤,君子以厚德载物"。这两句话的意思是君子应该像天一样运行不息,君子的度量要像大地一样什么都可以承载。

和清华大学齐名的北京大学没有明确的校训,不过有两句话大家比较熟悉——"思想自由、兼容并包"和"爱国、进步、民主、科学"。人们经常误以为这两句中的一句是北京大学的校训。

选我!

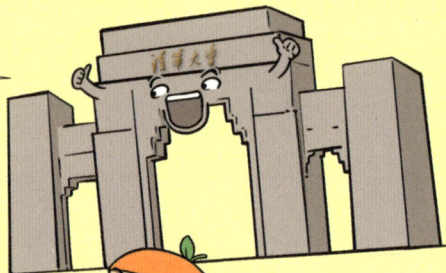

选我!

"八卦"太高深了，我们就讲这么多吧！

继伏羲之后，黄河最大的支流渭（wèi）水附近
又出现了一位"发明家"——神农。
据说他母亲在郊外踏青时，天空中突然有条金龙扑过来……
结果，他母亲和华胥一样，怀孕了！
你猜这个叫神农的孩子长什么模样（mú yàng）？

人首龙身？龙首人身？

都不对，是牛首人身！

医生，我到底得了什么病？

神农

你这是基因突变导致的症状，建议多吃草，补充维生素 C 和纤维（xiān wéi）素。

那这位叫神农的"发明家"为人类发明了什么呢？
神农可厉害了！他为了搞清楚什么植物可以吃，
什么植物不可以吃，竟然跑到野外，一种一种地去尝。
这是把自己当作"小白鼠"呀！

就这样，神农冒着生命危险，
**在七七四十九天里
尝遍了百草。**

神农发现了五种可以作为粮食的植物，它们后来被人们称为**"五谷"**，并渐渐成了**粮食与农业的象征。**

	wǔ	gǔ	fēng	dēng
成语	五	谷	丰	登

就是用来形容农业丰收的景象。

嗨哟嗨哟！丰收啦！

稻

小麦

gāo liang
高粱

神农

shǔ
黍

大豆

神农把"野草"变成农作物后，又采取同样的方法，将野外的动物养在家里。

神农养殖基地

神农

这样，人们就有稳定的肉食来源了。

渐渐地，人们的生活越来越离不开这"六畜 (chù)"。

liù chù xīng wàng
六 畜 兴 旺

牛马羊 猪鸡狗

这个成语和"五谷丰登"一起，用来形容农村的小康生活。

神农成了**农业和畜牧 (xù mù) 业的始祖。**

有巢氏、燧人氏、伏羲氏、神农氏，五位"发明家"还差一位呢？
这第五位，有人说是创造人类的女娲，
也有人说是统一部落的**黄帝轩辕 (xuān yuán) 。**

黄帝轩辕？他是谁？

别急，我们下一章就要讲到他了！

3

那一场世界大战

"一闪一闪亮晶晶，满天都是小星星……"
除了这首儿歌，你还会其他关于星星的儿歌吗？

天上的星星挤密啊密，地上的石头骨挤得冇（mǎo）得缝，我拿起嗒杂扫把打横横，哈哈，冇打中！

这是首长沙童谣（yáo），意思是：天上的星星很挤很挤，地上的石头挤得没有缝隙了，我拿起扫把打金龟子，哈哈，没打中。

说到这里，你以为今天是要教你地方童谣吗？

对不起，要让你失望了！

其实我只是用童谣来告诉你，上古时期的氏族、部落太多了，多得就像这天上的星星和地上的石头一样。

别"喷"我！这是用了比喻和夸张的修辞手法！

当然你也可以用

xīng	luó	qí	bù
星	罗	棋	布

这个成语来说氏族和部落像天空中的星星一样罗列着，像棋盘上的棋子一样分布着。形容数量多，分布广。**比如**，在美丽的大草原上，许多湖泊（hú pō）星罗棋布。牧羊人最喜欢在湖边休息和放羊。

这场面，还可以说"**万国林立**"，

虽然这些氏族和部落都不算是真正的国家。

这么多，这么挤，太难受了。
怎么办？一个字——

打！

打着打着，氏族和部落不断被吞并，
渐渐形成了三个大型部落，
由黄帝轩辕、炎帝神农和九黎（lí）族的蚩（chī）尤领导。

解释一下"氏族""部落"以及后面会出现的"部落联盟（méng）"的意思。有血缘关系的原始人聚集在一起生活形成了氏族，两个以上的氏族组成部落。部落有自己的名称、领地、首领等。几个部落组合到一起就成了部落联盟，由部落大酋（qiú）长领导。部落联盟再往后发展，就是国家。

有熊 · 黄帝轩辕

神农 · 炎帝神农

九黎 · 九黎族蚩尤

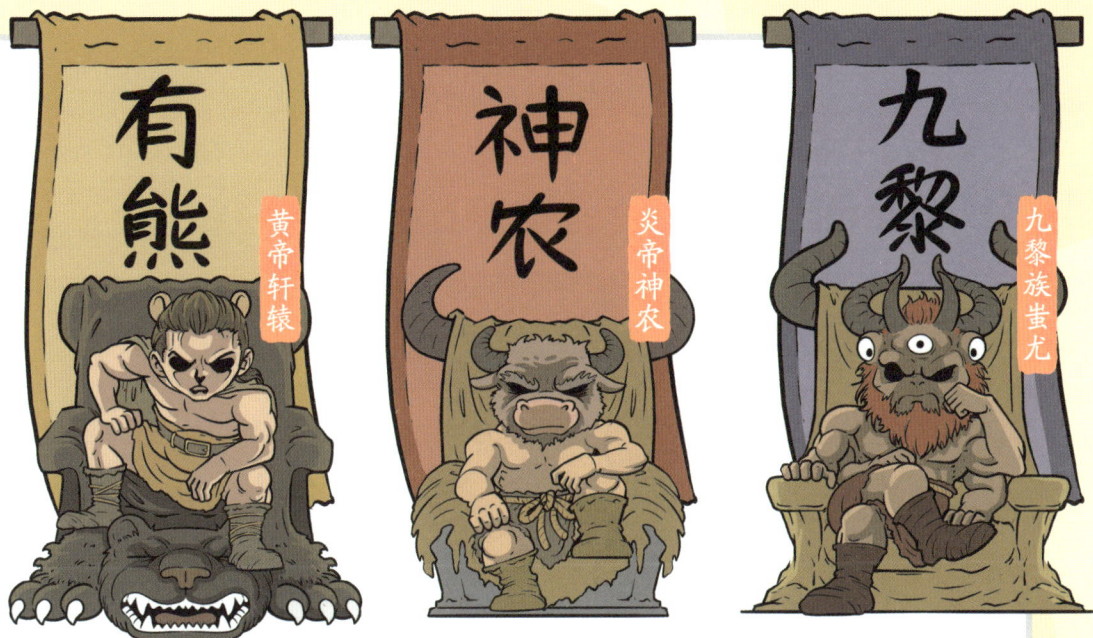

三个部落了！还打吗？三个字——

我要打！

轩辕，我要看看咱们兄弟谁更厉害！

炎帝

什么？兄弟？
是的，据传说黄帝和炎帝是同胞兄弟。

轩辕，跟我来！

炎帝

黄帝

我们去哪里玩呀？

《国语·晋（jìn）语》里说："昔（xī）少典（diǎn）娶（qǔ）于有蟜（jiǎo）氏，生黄帝、炎帝。黄帝以姬（jī）水成，炎帝以姜水成。"意思是少典国的国君和有蟜氏生下黄帝和炎帝。后来黄帝在姬水附近成就事业，炎帝在姜水附近成就事业。

按照《国语》的说法，黄帝和炎帝就是兄弟。

现在，兄弟闹翻了，要拼个高下，

上古第一次"世界大战"——
阪（bǎn）泉之战开始了！

（那时候人们所了解的"世界"就是这个范围吧！）

唉，这真是 **兄弟阋墙**（xiōng dì xì qiáng）呀！

"阋"是争吵、争斗的意思。"阋墙"指在门墙内，也就是家里争吵。这个成语比喻内部不和。**比如，**隔壁家奶奶经常为两个儿子争吵的事发愁，兄弟阋墙的事情真让人糟心呀！

黄帝手下能打的大将一串一串的，谁来都不怕。

炎帝搞农耕行，打仗稍微弱了点。

不过他有刑（xíng）天、祝融等大将。

几场仗打下来，双方都没力气了。

不行了，缓口气儿……

炎帝

黄帝

这时，**黄帝突然来了一招偷袭——**
他派人挖地洞挖到炎帝的后面，活捉了炎帝。

这样就输了？刑天表示不服！

刑天一手拿盾，一手拿斧，独自一人杀到黄帝跟前。
黄帝一个转身，"咔嚓"一下砍下了刑天的头。

没有头的刑天竟然还能继续战斗！

成语

xíng tiān zhēng shén

刑天争神

就是这样来的。现在比喻不服输的大无畏（wèi）精神。

东晋诗人陶渊明读完这个故事后写了篇读后感，其中有一句"刑天舞干戚（gān qī），猛志固常在"，表达了对刑天这种不服输精神的敬佩。（注意："干"是盾牌，"戚"是斧头。）

再说回黄帝和炎帝。

兄弟俩打架归打架，打完还是兄弟！

黄帝压根儿就没想杀炎帝，反而想和炎帝一起治理部落。于是炎帝部落并入了黄帝部落，组成炎黄部落联盟。

天下二分了，还打吗？

我要打！

蚩尤

这个喊"我要打"的人是

九黎部落联盟的首领，叫蚩尤。

"蚩尤"这个名字代表的是

"恐怖（bù）的灾难"！

"蚩"的甲骨文像"虫"咬人"止"（脚趾）的形状，指蛇咬人的脚趾（zhǐ）。所以"蚩"也引申为灾祸。"尤"表示错误、灾难、罪过。比如成语"以儆（jǐng）效尤"指处理一个坏人或一件坏事，以达到警示他人的目的。成语"怨（yuàn）天尤人"指遇到挫（cuò）折或出了问题，一味抱怨天，责怪别人。

名字恐怖，样子更加恐怖！ 蚩尤的头竟然是

tóng　tóu　tiě　é

铜 头 铁 额 ！

当你需要形容人很强悍（hàn）、勇猛或凶狠时，可以用这个成语。

可能说得有点夸张，但蚩尤肯定是凶猛得让人害怕的！

更恐怖的是，
他的九九八十一个兄弟，

个个都是铜头铁额！

还有谁！

特效动作　请勿模仿

更、更恐怖的是——

蚩尤和他的兄弟们平时吃的竟然是铁块、石头、沙子！
不吃饭，他们难道是机器人吗？

小朋友记住，

这说的是古代神话，人物也是神话中的人物。

更、更、更恐怖的是——

chī	mèi	wǎng	liǎng
魑	魅	魍	魉

蚩尤有一支全是 魑魅魍魉 的 **"特种部队"**。

这个成语原来是妖魔（yāo mó）鬼怪的统（tǒng）称。
也比喻各种各样的坏人。

此路是我开，此树是我栽……

据说这个部队在打仗的时候会发出刺耳的尖叫，
让听到的人变得晕乎乎的，失去战斗力。

说了这么多，我们还不知道**蚩尤为什么要打**呢！

据说是因为他做了一个梦，梦里他抓着藤蔓（téng wàn）往上爬，
突然藤蔓变成了光秃秃的悬崖（yá），
他失去了支撑，一直往下掉……
然后——被接住了。

蚩尤

慢点！慢点！

炎帝

黄帝

别怕，有我们兄弟在呢！

这不是挺幸运的梦吗？ 可是蚩尤觉得梦和现实
是相反的，现实中炎帝和黄帝肯定是要合力来打自己的。

他怕不是得了"被害妄想症"吧？

不管我们多么不理解，

涿（zhuō）鹿之战还是开始了！

蚩尤的部队可不是小猫咪，

一连打了九场下来，炎黄部落联盟都输了——

9：0 K.O.！

> 要是按比分制，我早就赢了！

> 再来一次！我就不信了！

好，那就再来一次！

这一次交战双方都使用了大规模杀伤性武器和非常手段！

第一回合：请神仙来打架——

蚩尤请风神、雨神，黄帝请应（yìng）龙、女魃（bá）！

第二回合：比比谁的动静大——

蚩尤派魑魅魍魉，黄帝用号鼓乐队！

第三回合：来点"高科技武器"——

蚩尤用"造雾机"，黄帝用指南车！

管你什么雾，我都不怕！

蚩尤

黄帝

造雾机

负 VS 胜

好战必败！

虽然最后蚩尤战死了，但黄帝奉他为**"战神"**，
还把他的形象**画在炎黄部落联盟的战旗上。**
蚩尤的九黎部落联盟也融入了黄帝部落联盟。

有个成语

yán	huáng	zǐ	sūn
炎	黄	子	孙

**是说炎黄二帝为中华始祖，
也是中国文化、技术的始祖。**
传说他们以及他们的后代创造了上古几乎所有重要的发明。

蚩尤

黄帝

炎帝

虽然蚩尤败了，但是我们**不以成败论英雄**，炎帝、黄帝和蚩尤都是我们的祖先。成语"不以成败论英雄"的意思是评论英雄不能以成功或失败作为标准。

**黄帝一统天下，
"五帝"时期到来了！**

"五帝"到底是哪些帝？

　　在上古时期，"帝"是指部落或部落联盟的首领。"五帝"这个上古"天团"的成员到底有哪些人，说法太多了。这么多年来，历史学家们谁也说服不了谁。但相对来说，大部分人同意司马迁在《史记》里的说法，也就是把黄帝、颛顼（zhuān xū）、帝喾（kù）、尧、舜称为"五帝"。

　　比"五帝"更早的首领，被称为"三皇"。因为时间更久远，所以"三皇"是谁的说法就更多。有人说，"三皇"是指天皇、地皇和人皇；有人说，"三皇"是指咱们说过的五位"发明家"中的三位。至于是哪三位，又有各种不同的说法。有的说是女娲、伏羲、神农，有的说是伏羲、神农、有巢，还有的说是伏羲、神农、燧人……既然说法多，也搞不明白，我们就记住，

sān	huáng	wǔ	dì
三	皇	五	帝

这个成语，代表的是古代传说中的几位领袖。

作为"五帝"的**第一帝**，黄帝的业绩相当不错！

他和炎帝、**嫘**（léi）**祖**（黄帝的妻子，会养蚕制衣）、

仓颉（cāng jié）（文字的发明者）等，

发明了住人的房屋和出行的船，

还有文字、算术、音乐……

黄帝

嫘祖

炎帝

仓颉

nán　gēng　nǔ　zhī

原始人类渐渐过上了 **男耕女织** 的生活。

有一次，黄帝用铜做出了**三个宝鼎**（dǐng），他特别开心，

召（zhào）集人们来开会庆祝。突然，

一条金灿灿的龙鱼从天上飞下来，

让黄帝乘着它飞去天庭做天帝。

大家拼命去抓龙鱼，想留住黄帝。

龙鱼的胡须被扯掉不少，
掉在地上变成了龙须草。

乡亲们，别薅了！龙须要被薅没了！

黄帝

黄帝就这样飞走了。他之后的几位其实也干得不错。

第一位：颛顼（zhuān xū）**。**

颛顼做了一件
影响后世的惊
天大事——

jué	dì	tiān	tōng
绝	地	天	通

。

啥意思？原来，颛顼派自己的两个孙子
重（zhòng）和黎，一个**拼命向上举天，**
一个**拼命往下压地，** 让天地分得更远。
从此人和神就各回各家，不再串门。
天地间有了新的秩序。

请问，以后我们天神怎么下去呀？

黄帝

重

黎

颛顼

没事就不要来了。大家各过各的，挺好！

颛顼为什么要这么做呢？我也说不清楚。但是你想想，
黄帝和蚩尤打的那场"世界大战"——请神仙来助战，
一会儿风一会儿雨，一会儿雷一会儿火，人类哪能受得了呀？

还是断绝天地间的通路，天上的神仙老老实实地在天上待着，
地上的人快快乐乐地在地上活着，各过各的小日子，
各干各的事情，**互不干（gān）涉**吧！

第二位：帝喾（kù）。

他为了百姓努力工作，并经常去民间走走、看看。
帝喾春、夏两季乘龙外出，说去哪里就去哪里；
秋、冬两季乘马远行，哪里有事就立马赶到。
他真是**体察民情、急民所急**呀！

五帝中的后面两位——尧和舜，我得一起给你们讲，
因为他们俩在五千年中华文明史上，起到了重要的作用！

妥妥的"大众偶像"没错啦！

哈哈，谢谢大家的喜爱！

哎哟，真没想到！

尧

舜

你看——

最好的时代——

yáo	tiān	shùn	rì
尧	天	舜	日

；

最好的帝王——

yáo	shùn	zhī	jūn
尧	舜	之	君

；

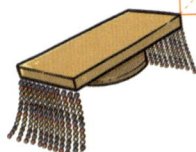

最贤（xián）德的女子——

nǚ	zhōng	yáo	shùn
女	中	尧	舜

；

就连最大的酒量也叫

yáo	shùn	qiān	zhōng
尧	舜	千	钟

。

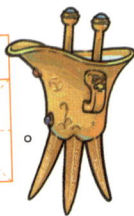

（钟是以前的酒杯）

哇，这些都是**夸赞的最高级**呀！

配不上也没关系，人们会说：

rén	fēi	yáo	shùn
人	非	尧	舜

，

shuí	néng	jìn	shàn
谁	能	尽	善

。

意思是人人都有缺点，一般人不是像尧舜一样的圣贤，什么事情都能做得很完美。**比如，**班长为自己的失误导致班级工作出了小问题而感到自责，你可以安慰他说"人非尧舜，谁能尽善"。

其实吧，尧和舜也没有那么完美，传说尧身高高一些，舜身高矮　些，关于他们的身高还有个成语，叫

yáo	cháng	shùn	duǎn
尧	长	舜	短

。

意思是尧高舜矮，但他们都是圣明的君主。比喻不要用外表去判断别人的能力、品性等。

不过美德还是有不同的。
尧和舜的美德也是各有侧重，
用一个"成语"说就是"**尧俭**（jiǎn）**舜孝**（xiào）"。

这个成语是"生造"的，
**但尧的俭朴和
舜的孝顺却是真的！**

尧的俭朴这里就不说了，**说一下舜的孝顺吧！**
舜从小就没有亲妈，后妈和同父异母的弟弟象想要害死他。

**害舜的第 X 招：
放火——
骗舜维修茅草屋子，
然后放火。**

害舜的第 X+1 招：活埋——骗舜挖井，
然后往里面填土，想活埋舜。

舜每次都逃脱了！ 但"奇怪"的是，
每次逃脱后，舜都不记恨后妈和象，
还是和他们亲亲热热地生活在一起。

《二十四孝》里的第一孝——
"孝感天地"， 就是记录舜的孝顺事迹。

而尧这时候正满世界寻找仁德的继承者呢，他决定好好考察舜。
尧不仅派出九个儿子和舜一起工作，还把两个女儿嫁给舜，
想看看工作、生活中的他是什么样子的。

这考察真全面细致呀！ 经过多年的考察，
尧终于放心满意了，他把君王的位子传给了舜。

这件事情被后世传为佳话，
于是有了 **"尧舜禅（shàn）让"** 的故事。

其实尧找继承人这件事，还有个小插曲。
最开始，尧想考察的人是许由。

许由隐居在山中，尧让人请他出来做官。
谁知许由一听，不但马上拒绝了，

还跑到小溪边去洗耳朵！

这是什么动作？

面试通知

我不稀罕（xī han）当官，这话我不喜欢听，我还是洗洗耳朵吧。

许由

牵牛到溪边喝水的巢父看到许由的样子，
说了这样一句话——

哟，你怕污（wū）染耳朵，我还怕你洗耳朵的水污染我小牛的嘴呢！

巢父

许由

哞（mōu）哞！（就是就是！）

后来人们根据这个故事，总结了个成语

xǐ	ěr	gōng	tīng
洗	耳	恭	听

现在形容专心、恭敬地听别人讲话。有趣的是，许由"洗耳"表示不愿意听，现在这个成语却表示做好准备倾听。当你想发表看法时，如果有人愿意洗耳恭听，你一定会感到特别被人尊重吧！

后来，尧还见了许由，要把天下让给他。

许由还是不肯，**他打了个比方：**
举行祭祀（jì sì）仪式时，管祭祀的人
不能因为厨师不做饭，就丢下手中的祭祀用具去替厨师做饭。
意思是他如果接替尧的位置，就像掌管祭祀的人去做饭一样，
不但自己的事情没做好，**还会把天下搞得大乱。**

看，这个比喻里有一个成语——

yuè	zǔ	dài	páo
越	俎	代	庖

本义是主管祭祀的人放下礼器去代替厨师做饭。比喻超出自己的职责范围，去处理别人负责的事。注意，不要把"俎"写成"组"。**你可以这样用：** 这次的活动，本来你是"气氛（fēn）组"，专门负责调节气氛的，却越俎代庖地去管舞台上的事情，搞得整个活动有些混乱。

事实证明，舜真的是尧最好的接班人！
舜当上首领以后，不但处处把尧当榜样，
还在很多事情上有所创新。比如常听百姓的意见，
尧当时是在宫外立了个大鼓，
有人敲鼓是要提意见，尧听后马上出来接见。

舜觉得，如果他不在，有人敲鼓他也不知道呀！
而且让人家为了提意见来回跑几趟也不好。
于是他在宫门外立起一块高高的木头，让人们把意见刻在木头上。
估计这就是**最早的"意见簿（bù）"** 吧！

yáo	gǔ	shùn	mù
尧	鼓	舜	木

这个成语，

形容君主圣明，随时接受意见，听取忠告。

舜接班接得这么好，他的接班人又是谁呢？
这位接班人又做了什么了不起的事情呢？

未完待续……

福利时间

咦，刚刚天上飞过去什么？

哈哈，不是 UFO，

原来是一群活神仙！

呼风唤雨

神通广大　　上天入地

吉星高照　　长生不老　　点石成金

飘然若仙　　鸾姿凤态（luán）　　料事如神　　三头六臂

天女散花　　羽化登仙　　月下老人　　瑶台银阙（què）　　摧山搅海（cuī jiǎo）

金马碧鸡　　仙风道骨　　人间天上　　乔松之寿　　壶天日月

不食人间烟火　　八仙过海，各显神通　　腾云驾雾（téng）　　仙山琼阁（qióng）

鸿衣羽裳（hóng）　　麻姑掷豆（zhì）　　吸风饮露　　拘神遣将（jū qiǎn）

神仙的姿态真多，本领真大呀！
盘古"开天辟地"，女娲和羲和"补天浴日"……
你最想要哪种本领呢？和朋友们聊一聊吧！

图书在版编目（CIP）数据

呀，成语就是历史 . 第 1 辑 . 上古－西周 . ① / 国潮

童书著 . —— 北京：台海出版社，2023.11

ISBN 978-7-5168-3651-4

Ⅰ . ①呀… Ⅱ . ①国… Ⅲ . ①汉语－成语－故事－少

儿读物 Ⅳ . ① H136.31-49

中国国家版本馆 CIP 数据核字 (2023) 第 184204 号

呀，成语就是历史 . 第 1 辑 . 上古—西周 . ①

著　　者：国潮童书　　　　　　　　　图画绘制：丁大亮
责任编辑：戴　晨

出版发行：台海出版社
地　　址：北京市东城区景山东街 20 号　　　邮政编码：100009
电　　话：010-64041652（发行，邮购）
传　　真：010-84045799（总编室）
网　　址：www.taimeng.org.cn/thcbs/default.htm
E － mail：thcbs@126.com

经　　销：全国各地新华书店
印　　刷：天津海顺印业包装有限公司
本书如有破损、缺页、装订错误，请与本社联系调换

开　　本：710 毫米 ×1000 毫米　　　1/16
字　　数：500 千字　　　　　　　　　印　张：63
版　　次：2023 年 11 月第 1 版　　　印　次：2025 年 4 月第 3 次印刷
书　　号：ISBN 978-7-5168-3651-4
定　　价：300.00 元（全 10 册）